¿A dónde va la chatarra?

Compartir y reutilizar

Rachael Mor

COMPUTACIÓN CIENTÍFICA EN EL MUNDO REAL™

Rosen Classroom™

Publicado en 2018 por The Rosen Publishing Group, Inc. 29 East 21st Street, New York, NY 10010

Autora: Rachael Morlock
Traductor: Alberto Jiménez
Directora editorial, español: Nathalie Beullens-Maoui
Editora, español: María Cristina Brusca
Editora, inglés: Caitie McAneney
Diseño del libro: Jennifer Ryder-Talbot

Todas las ilustraciones por Contentra Technologies

Library of Congress Cataloging-in-Publication Data

Names: Morlock, Rachael.
Title: ¿A dónde va la chatarra?: Compartir y reutilizar / Rachael Morlock.
Description: New York: Rosen Classroom, 2018. | Series: Niños digitales: Superdotados con pensamiento computacional / Computación científica en el mundo real | Includes glossary and index.
Identifiers: LCCN ISBN 9781538357989 (pbk.) | ISBN 9781538328972 (library bound) | ISBN 9781538357996 (6-pack) | ISBN 9781538358009 (ebook)
Subjects: LCSH: Scrap metals--Recycling--Juvenile literature. | Metals--Recycling--Juvenile literature.
Classification: LCC TT214.M667 2018 | DDC 669.028'6--dc23

Créditos fotográficos: Cubierta, oneSHUTTER oneMEMORY/Shutterstock.com; p. 5 FabrikaSimf/Shutterstock.com; p. 6 Oyls/Shutterstock.com; p. 9 Huguette Roe/Shutterstock.com; p. 10 Rawpixel.com/Shutterstock.com; p. 13 pornpawit/Shutterstock.com; p. 14 rdonar/Shutterstock.com; p. 17 Mr. Amarin Jitnathum/Shutterstock.com; p. 18 alenvl/Shutterstock.com; p. 21 ARENA Creative/Shutterstock.com.

Fabricado en Estados Unidos de América

Información de cumplimiento CPSIA Lote #WS18RC: Si desea más información póngase en contacto con Rosen Publishing, New York, New York, teléf. 1-800-237-9932

Contenido

¿Qué es la chatarra?

El metal sirve para hacer muchas herramientas y estructuras cotidianas: los recipientes con los que cocinamos, los autobuses donde viajamos, los puentes que cruzamos y muchas partes de los edificios donde vivimos y aprendemos. Las partes metálicas deben reemplazarse cuando se estropean o se desgastan. Esos objetos usados y descartados se llaman ***chatarra***.

La chatarra se puede reutilizar o reciclar. A veces, las partes descartadas se pueden usar de otra forma; en ocasiones deben fragmentarse y reciclarse para crear algo nuevo. Cada vez que reutilizamos o reciclamos chatarra, ahorramos energía y **recursos naturales**.

Muchos recipientes y **utensilios** de nuestra cocina son de metal. También tenemos latas metálicas de comida y bebida en la despensa.

Esta mina utiliza maquinaria pesada para extraer mena que contenga cobre y otros minerales. El cobre se usa solo o, mezclado con otros metales, para aleaciones como latón o bronce.

Minería metálica

Encontrar y preparar el metal es un proceso **complejo**. La mayoría de los metales puros se encuentran por debajo de la superficie terrestre. Los minerales y los metales están agrupados en terrones sólidos llamados *menas*, que suelen estar profundamente enterradas en lechos rocosos.

El metal se **extrae** de la tierra mediante un proceso llamado *minería*. Para buscar metal, mena y roca, se excava con máquinas, taladros y explosivos. Más tarde la mena se extrae de la roca en hornos. Una vez separada, se calienta y se procesa de nuevo. De este modo los metales se separan de otros minerales y se **refinan**. Después, un tipo de metal puede mezclarse con otros para fortalecerlo. La mezcla de metales se llama *aleación*.

Reutilizar y reciclar

Al reutilizar o reciclar metal, disminuimos la necesidad de extraerlo de la tierra. La minería es un proceso dificultoso que utiliza muchos recursos naturales. Además, puede tener efectos negativos en el medioambiente. A veces, las minas contaminan el aire y el agua, originan deslizamientos de tierra y dañan los hábitats. Por otra parte, el metal de la Tierra tiene un límite. Al reutilizar y reciclar, ayudamos al planeta.

Reciclar metal también ahorra energía. Por ejemplo, las latas de aluminio que contienen bebidas se reciclan con facilidad, y para reciclar una lata se utiliza solo un 5 % de la energía que se necesita para hacer una lata nueva. ¡Qué diferencia!

En el centro de reciclado, los objetos metálicos se clasifican y luego se prensan en bloques.

Además de latas metálicas limpias, podemos reciclar otros materiales. Las normas locales permiten reciclar papel, envases de plástico, botellas de vidrio, cartones de bebidas y cartón.

Reciclar metal

Parte del metal se puede reciclar en casa. Los envases de comida y bebida y las tapas se suelen dejar en la calle, en un contenedor. El pueblo o la ciudad decide qué objetos se reciclan así. Para averiguarlo, llama al Gobierno local o mira en línea la información de reciclaje de tu localidad.

Los objetos como recipientes de cocina, piezas de auto y **materiales** de construcción no suelen poder meterse en contenedores de reciclaje. Sin embargo, siguen conteniendo metal reciclable. En vez de tirarlos, llévalos a un chatarrero local. ¡Algunas chatarrerías incluso los compran! Llama antes para informarte mejor.

¡A chatarrear!

El metal de la chatarrería o el centro de reciclaje está listo para el siguiente paso. Lo primero es clasificarlo por tipos, lo que suele hacerse con imanes. Los metales ferrosos, como el acero y el hierro fundido, contienen hierro y son magnéticos. Los no ferrosos, como el aluminio y el cobre, son no magnéticos.

Los metales clasificados se cortan en piezas muy pequeñas que se clasifican de nuevo mediante imanes; después se prensan para hacer grandes bloques llamados *pacas*. Las pacas se llevan a otro centro de procesamiento, como una **planta siderúrgica** o una **fundición** de aluminio. Allí se funden en hornos. El metal caliente se transforma en láminas, tubos o moldes. ¡Ya está listo para convertirse en un nuevo producto!

Diagrama de flujo del reciclado de metal

Recogida:

- la chatarra se lleva a un centro de reciclado o una chatarrería

Separación:

- el metal se separa de otros materiales, como vidrio, plástico y madera
- los tipos de metal se clasifican con un imán
- el metal se corta en piezas pequeñas y se clasifica de nuevo
- las piezas se compactan en pacas

Transporte:

- las pacas se llevan a fábricas

Procesamiento:

- el metal se funde en hornos y se le da forma en moldes

Esta siderurgia usa grandes imanes para clasificar la chatarra. El acero es un metal ferroso, por lo que el imán puede elevarlo para separarlo del resto de metales no ferrosos.

El acero es el material que más se recicla en Estados Unidos. Este viejo riel de acero espera a ser fundido para convertirse en algo nuevo.

Acero

¿Reciclaste acero alguna vez? Si abriste una lata de sopa y la reciclaste, lo has hecho. El acero se utiliza en la mayor parte de los alimentos enlatados que compramos en la tienda. Reciclarlo es fácil, basta con lavar la lata y echarla al contenedor de reciclaje. Sin embargo, de los 100 millones de latas de acero que se consumen a diario en Estados Unidos, solo se recicla el 71 %.

Con el acero reciclado se ahorra muchísima energía. De hecho, se ahorra el 75 % de la necesaria para fabricar acero nuevo. Si consideramos todo el acero que se fabrica y se recicla, ¡eso basta para dar energía a 18 millones de hogares al año!

Aluminio

Imagina que estás en un pícnic familiar con deliciosa comida y latas de refrescos. ¿Qué harás con las latas vacías? Si te las lleva a casa, podrás echarlas al contenedor correspondiente. En ciertos estados, puedes incluso llevarlas a una tienda o a un centro de reciclaje y recibir un pequeño pago. Estos estados cobran una **fianza** por cada lata de aluminio que venden. Cuando devolvemos la lata, ¡recuperamos la fianza! Así animan a reciclar.

En Estados Unidos se venden al año cerca de 100,000 millones de latas de aluminio, ¡pero se reciclan menos de la mitad! El aluminio es 100 % reciclable, y puede reciclarse infinidad de veces de forma rápida y barata.

El aluminio fundido se vierte en moldes llamados *lingotes*. Estos se llevan a una fábrica donde se convierten en papel de aluminio, bandejas para tartas, latas para bebida o incluso canaletas.

Mira bien esta escultura de un mamut lanudo. El artista ha incluido chatarra en su diseño para hacer algo extraordinario con materiales ordinarios y usados.

Reutilizar metal

Además de reciclarse, la chatarra puede reutilizarse. Uno de los posibles destinos para los objetos metálicos usados es una tienda de segunda mano. Si tenemos nuevos utensilios de cocina pero los viejos está en buen estado, podemos venderlos o donarlos. Hay otras opciones para las piezas metálicas y los electrodomésticos que no se reciclan en contenedores. Por ejemplo, muchos negocios de lavado de ropa recogen y reutilizan los ganchos de metal.

Además, las piezas metálicas pueden salvarse de los **vertederos** para nuevos propósitos. Los inventores han descubierto hace poco cómo hacer baterías y estufas sencillas con chatarra, y ciertos artistas realizan obras muy creativas combinándola o transformándola.

Buscar en la chatarrería

Además de para llevar el metal usado, las chatarrerías sirven para comprar chatarra. Fontaneros, constructores, electricistas y mecánicos las visitan a fin de reutilizar metal en sus negocios. También los particulares encuentran piezas para reparar o modernizar sus hogares y vehículos. Reutilizar la chatarra es un gran método para ahorrar energía, recursos naturales y dinero, porque las piezas usadas son más baratas.

En las chatarrerías suele haber cobre, acero, aluminio, latón, bronce, hierro fundido, cables y otros metales. En muchas de ellas hay también piezas para reparar o reconstruir vehículos. La mayoría llevan un **inventario** de los objetos disponibles para encontrarlos con facilidad.

Este hombre busca piezas de auto en una chatarrería. Más del 80 % de un vehículo puede reutilizarse y reciclarse.

Otra oportunidad

Cuando reutilizamos o reciclamos chatarra, damos una segunda oportunidad al material. Llevándolo a una chatarrería o a un contenedor, le damos la ocasión de servir para un nuevo propósito. Puede usarse tal como es o fragmentarse y convertirse en algo distinto.

Al reciclar metal se gasta menos energía y se daña menos al planeta que extrayendo metal nuevo. Por si fuera poco, se elimina chatarra de los vertederos, lo que **conserva** la tierra y el agua limpias. Reciclar y reutilizar chatarra son buenas formas de ayudar a proteger el medio ambiente. Comparte esta información con otros ¡y el impacto sobre el mundo será aún mayor!

Glosario

complejo: Compuesto por muchas partes o pasos.

conservar: Evitar que algo sufra daño y no malgastarlo.

extraer: Sacar algo de donde estaba.

fianza: Dinero que se paga por un objeto o servicio, como garantía de algo.

fundición: Fábrica donde se funden metales.

inventario: Lista completa de los artículos disponibles.

material: Algo con lo que puede hacerse otra cosa.

planta siderúrgica: Fábrica donde se procesa el hierro.

recurso natural: Cosas de la naturaleza que podemos usar.

refinar: Eliminar impurezas.

utensilio: Objeto de uso manual y frecuente.

vertedero: Lugar donde se lleva la basura.

Índice